Comprando Bienes Raíces

Descubre cómo Multiplicar tu Dinero al Comprar e Invertir en Bienes Raíces de Manera Segura y Eficiente

Jaime Venegas

COMPRANDO BIENES RAÍCES

Este documento está orientado a proporcionar información exacta y confiable con respecto al tema tratado. La publicación se vende con la idea de que el editor no tiene la obligación de prestar servicios oficialmente autorizados o de otro modo calificados. Si es necesario un consejo legal o profesional, se debe consultar con un individuo practicado en la profesión.

- Tomado de una Declaración de Principios que fue aceptada y aprobada por unanimidad por un Comité del Colegio de Abogados de Estados Unidos y un Comité de Editores y Asociaciones.

con el permiso por escrito del editor. Todos los derechos reservados.

COMPRANDO BIENES RAÍCES

TABLA DE CONTENIDO

INTRODUCCIÓN

Por lo común, cuando alguien menciona bienes raíces muchos de nosotros pensamos de inmediato en la compra de casas o departamentos para uso personal. Esto no debe sorprender si consideramos que nuestras casas pueden ser una de las inversiones más significativas en nuestras vidas. Sin embargo, también debemos tomar en cuenta que cada vez que alguien compra una propiedad inmobiliaria para sí mismo, esta pasa a formar parte de su cartera de inversiones automáticamente.

Aunque una casa puede ser una de las mayores inversiones que podemos hacer, son varios los tipos de inversiones en bienes raíces que puedes intentar para obtener ganancias significativas.

Incluso si tus ingresos no son muy altos, puedes buscar bienes raíces a través de condominios, casas familiares, dúplex y edificios de departamentos para ofrecer en alquiler.

Entre las principales diferencias entre la inversión en bienes raíces y los bonos o acciones, es que en bienes raíces lo que estás comprando es un pedazo de tierra real, incluyendo la estructura construida sobre ella. Por lo tanto, los bienes raíces son un bien tangible que puedes tocar y ver, mientras que las acciones y los bonos son activos intangibles.

Pero esto también tiene sus propias desventajas, porque los bienes raíces requieren de una administración práctica y constante. Las acciones y bonos, en cambio, no necesitan del pago de un mantenimiento ni de estar pendiente de los inquilinos.

En esta guía exploraremos los diferentes tipos de bienes raíces disponibles, sus características más importantes, y el proceso que debe seguirse para comprar y ganar dinero de forma sostenible a través de ellos.

Capítulo 1: Nociones básicas de los bienes raíces

Los bienes raíces se refieren a la propiedad compuesta por el terreno en sí, así como la estructura construida sobre él. También cubre depósitos minerales, agua, ganado, cultivos, fauna y flora no cultivada y otros recursos naturales.

La mayoría de la gente tiene una percepción limitada de la industria de bienes raíces y solo alcanzan a percibir su parte residencial. Sin embargo, los bienes raíces pueden clasificarse en tres categorías principales según su uso: residenciales (casas adosadas, condominios, departamentos y terrenos no urbanizados), industriales (granjas, minas y fábricas), y comerciales (tiendas minoristas, almacenes, y edificios de oficinas).

Principales categorías de bienes raíces

Los bienes inmuebles cubren los bienes raíces pero también edificios, terrenos y otras adiciones a la propiedad, así como los privilegios de uso de la tierra y sus estructuras. Los arrendatarios y los inquilinos pueden tener el privilegio de utilizar los terrenos y las estructuras construidas sobre ellos, pero estos no se clasifican como bienes raíces.

Por otro lado, la propiedad personal cubre activos intangibles tales como bonos, acciones y otras inversiones financieras. Esto también incluye ropa, muebles, computadoras e incluso electrodomésticos.

Es importante tener en cuenta que las tierras que no pueden estar bajo propiedad privada, como la luna o regiones específicas de la Antártida, no se clasifican como bienes raíces.

Bienes inmuebles vs. bienes raíces

Básicamente, los bienes raíces son un pedazo de tierra a la que se le agregan mejoras ya sean naturales o hechas por el hombre. Ejemplos de mejoras hechas por el hombre son las cercas, las aceras o los edificios. Las mejoras naturales incluyen petróleo, depósitos minerales, formaciones de tierra, formaciones de agua, árboles e incluso ganado.

Los bienes raíces son más populares que los bienes inmuebles, y cabe señalar que este último es un concepto menos discutido en las finanzas personales.

Una vez más, los bienes raíces caben dentro de los bienes inmuebles y se les agregan privilegios o derechos que pueden estar compuestos por el privilegio de los propietarios de usar la tierra como ellos quieran.

En este sentido, los bienes inmuebles se componen tanto de derechos consuetudinarios como de objetos físicos, mientras que los bienes raíces solo se componen de objetos físicos.

"Derechos de propiedad inmobiliaria" es un término amplio que se utiliza para organizar los derechos de uso de la propiedad. Esta se compone de cinco derechos diferentes del propietario:

1. El derecho a poseer (que es el derecho a ocupar la propiedad).

2. El derecho al control (que es el derecho a identificar los usos y los intereses de otros).

3. El derecho a disfrutar (que es el derecho a usar la propiedad sin interferencias).

4. El derecho a excluir (que es el derecho a rechazar los intereses o usos de la propiedad de otros).

5. El derecho a disponer (que es el derecho a calcular el precio de la propiedad si es vendida o entregada a otra persona).

Este tema implica restricciones y excepciones complejas y requiere conocimientos jurídicos. Básicamente, la diferencia entre los bienes inmuebles y los bienes raíces reside principalmente en la inclusión de los derechos antes mencionados. Estos factores son cruciales para entender si estás tomando en serio la compra de los bienes raíces.

Tenencia del propietario

La tenencia del propietario, o comúnmente conocida como propiedad de la vivienda, es una forma típica de inversión en bienes raíces en todo el mundo. La mayoría de las casas residenciales son caras, por lo que la gente suele financiar la inversión mediante la obtención de una forma específica de préstamo denominada hipoteca, en la que la propiedad puede ser utilizada como garantía para el préstamo.

Cuentas con diferentes opciones si estás buscando financiamiento para ayudarte a apalancar tu inversión en bienes raíces a través de la propiedad de la vivienda. Puedes buscar hipotecas de tasa ajustable o fija. En general, las hipotecas de tasas fijas tienen intereses más altos en comparación con las hipotecas de tasas ajustables que podrían hacerlas un poco más caras. Por otro lado, las hipotecas de tasa fija pueden ser más costosas en el corto plazo, considerando que están a salvo de aumentos en las tasas de interés en el futuro.

La mayoría de los bancos que ofrecen préstamos hipotecarios publican sus tasas de amortización, lo que te permitirá ver el porcentaje de pagos que se dirigirá a los intereses en comparación con la cantidad que se dedicará a la liquidación del capital del préstamo.

También están las hipotecas de pago global (conocidas en inglés como "balloon loans"), que se denominan así porque no hay necesidad de amortizar durante un período de tiempo específico.

Básicamente, necesitas pagar el interés dentro de un período específico (por ejemplo, de cinco a diez años), y luego pagar el resto de la deuda en un pago más alto cuando termine el plazo.

Además, las hipotecas podrían traer consigo cargos más elevados, como los impuestos y los gastos de transacción, que normalmente se incluyen en el préstamo. Cuando compruebes tu elegibilidad y ya hayas recibido la aprobación previa de tu prestamista (que puede ser un banco), deberás completar otro nivel de solicitud para asegurarte de que la propiedad pueda ser transferida a tu nombre legalmente y dentro de los términos que tú hayas acordado.

Bienes raíces para uso comercial

Comprar bienes raíces de uso comercial es muy diferente a comprar una casa o comprar un inmueble con fines de inversión.

En general, el arrendamiento de propiedades comerciales es bastante más largo comparado con los arrendamientos residenciales.

Además, los rendimientos de los bienes raíces con fines comerciales se calculan en función de la rentabilidad por cada metro cuadrado, no como las estructuras que se diseñan para fines residenciales. Además, las empresas financieras también pueden exigir un pago inicial más alto en una hipoteca comercial que en la de lotes residenciales.

Inversiones en bienes raíces

En comparación con otros emprendimientos financieros, los bienes raíces se ven afectados significativamente por el medio ambiente y la geografía. Por lo tanto, la ubicación es un factor crucial que debes tomar en cuenta.

Además de períodos de depresión o recesión extremos en tu país, el valor de los bienes raíces para fines residenciales se ve principalmente afectado por otros factores como los impuestos a la propiedad, la calidad de las escuelas y hospitales cercanos, los servicios de transporte, el índice de criminalidad, la economía y la tasa de empleo.

Existen diferencias cruciales entre las inversiones en bienes raíces comerciales y residenciales. Los bienes raíces para fines residenciales suelen ser más asequibles y de tamaño limitado en comparación con los bienes raíces para fines comerciales, por lo que son más aptos para las inversiones a pequeña escala.

Mientras tanto, los bienes raíces para fines comerciales tienen más valor por cada metro cuadrado y vienen con contratos de arrendamiento más largos que podrían asegurar una fuente de ingresos más estable.

Sin embargo, el aumento de los ingresos conlleva una mayor responsabilidad, y este tipo de bienes suelen regirse por normas más estrictas en comparación con los bienes raíces residenciales. Estas regulaciones también varían de un país a otro, así que asegúrate de revisar a profundidad las leyes y políticas vigentes en tu área. Y también pueden variar dentro de los límites de una ciudad, así que las regulaciones de zonificación pueden complicar tu proceso de inversión en bienes raíces comerciales.

En los contratos comerciales de alquiler, la probabilidad de perder inquilinos puede ser alta. Si tu sistema de negocios no está bien diseñado, tu producto, en forma de propiedad de alquiler, no atraerá a los inquilinos ideales. Esto podría aumentar las tasas de vacantes y resultar en la pérdida de un bien inmueble de alto rendimiento. Además, así como la tierra puede apreciar su valor, también existe el riesgo de depreciación.

Millones de hectáreas en todo el mundo están ahora compuestas de centros comerciales muertos y en decadencia debido a ciertos factores como la pérdida de inversiones, la disminución del número de clientes, e incluso la guerra o la recesión económica.

Inversión en bienes raíces

Puedes invertir directamente en bienes raíces comprando parcelas de tierra o propiedades. Otra opción es comprar acciones de valores respaldadas por hipotecas o por REIT (fidecomiso inmobiliario, por sus siglas en inglés).

Una inversión directa puede generar tanto ganancias como pérdidas a través de dos canales, lo cual generalmente aplicará donde sea que te encuentres:

1. Apreciación del valor de los bienes raíces

2.   Ingresos por alquiler o arrendamiento

En estos dos canales, la apreciación se considera normal y puede lograrse a través de distintos medios. Sin embargo, el aumento del valor de la propiedad no ocurrirá hasta que tú seas el dueño de la propiedad o hasta que refinancies tu hipoteca. Los terrenos sin cultivar o sin desarrollo urbano, como las parcelas limítrofes con la ciudad, tienen el mayor potencial de ganancias, mejoras y construcción. La exploración de materiales valiosos en la tierra como metales preciosos (oro, plata, cobre) o materias primas (petróleo) también puede causar la apreciación de los bienes raíces.

El valor de la propiedad también tiende a aumentar a medida que el área se desarrolla y crece. Por ejemplo, las grandes mejoras en los vecindarios de muchas ciudades de los Estados Unidos en los últimos años han conducido a un aumento significativo del valor de los bienes raíces. Otro factor que juega un papel importante en el valor de una tierra es la escasez.

Si un terreno es el último que queda de su tipo en rápida alza, obviamente puede aumentar su precio y comerciabilidad.

Los ingresos procedentes de los bienes raíces pueden obtenerse de diferentes formas. La fuente más importante, por supuesto, son los ingresos por alquiler pagados sobre el terreno o el edificio que ya ha sido construido para uso comercial o residencial. Sin embargo, las empresas también pueden pagar por regalías descubiertas en terrenos no urbanizados, o también puedes beneficiarte de la construcción de estructuras en terrenos sin urbanizar, como oleoductos o torres de telefonía móvil.

Los ingresos también podrían provenir de inversiones indirectas, como los REIT que se pueden negociar de manera similar a las acciones con bienes raíces como base de seguridad.

En los REIT, el propietario de varias propiedades puede vender acciones a partes interesadas para su inversión y, a menudo, distribuir los ingresos por alquiler entre los accionistas.

Como una oportunidad de inversión, la compra de bienes raíces implica la compra de intereses de propiedad y luego la obtención de un rendimiento de esta inversión a través de la emisión de intereses de arrendamiento a los inquilinos que a su vez están pagando el alquiler. También es común que un inversionista compre intereses de arrendamiento a largo plazo, que permiten por ejemplo construir una estructura en la propiedad. Al final del contrato de arrendamiento, la tierra y las mejoras pasarán a ser propiedad del propietario original de la tierra.

Mercados públicos versus privados

En la planificación de tu negocio de bienes raíces, uno de los primeros pasos que debes dar es decidir qué tipo de exposición al mercado de bienes raíces es ideal para tus circunstancias.

Distintos tipos de exposiciones producirán diferentes niveles de rendimiento y riesgos. Tu elección también podría influir en el proceso por medio del cual puedes adquirir dicho bien. Puedes elegir entre participar en el mercado público o privado.

Participas en un mercado público cuando compras una unidad o participación en un REIT, que por lo general son empresas que cotizan en bolsa. Cuando inviertes en una seguridad patrimonial, estás comprando una acción de una compañía que realmente es propietaria de la propiedad y la administra para los accionistas o partícipes.

Por este medio, tu exposición al mercado inmobiliario es limitada y no directa.

Una seguridad patrimonial por lo general paga una distribución o dividendo para direccionar los ingresos por alquiler que se reciben de los inquilinos a los propietarios de las acciones de la empresa.

La depreciación o apreciación del precio de las propiedades que son propiedad de la empresa se incluyen en el informe para el precio unitario o por acción.

Por otro lado, también puedes invertir en el mercado de bienes raíces privado, en el que existe la posibilidad de adquirir una participación directa en una o varias propiedades inmobiliarias. Puedes poseer y operar la parcela de tierra o contratar a un administrador que se ocupe de la propiedad, y puedes recibir los pagos de alquiler y los cambios en el valor de la inversión.

Por ejemplo, si compraras una propiedad industrial que fue arrendada a uno o más inquilinos que están dispuestos a pagar el alquiler, en realidad estás participando en el mercado de bienes raíces privado. También puedes invertir en este mercado comprando propiedades con socios, lo que se conoce como sindicación o agrupación.

Inversiones de deuda y capital

Además de seleccionar tu mercado, también es importante que decidas si deseas centrarte en el capital o en la deuda. Si eliges la inversión de deuda, en realidad estarás prestando dinero a un comprador o propietario de un bien inmueble. A cambio de ello, puedes recibir ingresos regulares del propietario. Esto también incluye una comisión de seguridad para el activo a través de una hipoteca. Al vencimiento del contrato hipotecario, se te entregará el saldo del capital de la hipoteca, que es muy similar a los términos en los que se invierte en bonos.

Por otro lado, una inversión de capital implica un interés duradero en el activo inmobiliario. Eres básicamente el dueño de la propiedad si estás invirtiendo en acciones de bienes raíces. Puedes ganar mucho dinero si el valor de la propiedad aumenta, o también puedes obtener ingresos del alquiler de tu propiedad.

Pero una vez que las cosas salen mal (como desocupación y no poder pagar la hipoteca) entonces la parte que estaba interesada en el activo puede elegir cerrar la propiedad, y tu participación en el capital se perderá con el fin de satisfacer la garantía hipotecaria. Este riesgo se compara de alguna manera con las desventajas de invertir en el mercado de valores.

La opción de si prefieres centrarte en la deuda o en el capital dependerá en gran medida de tu tolerancia al riesgo, así como de tus expectativas de rendimiento. Puede que te resulte muy rentable la inversión de capital, pero también existe un mayor riesgo de perder todas tus inversiones.

CAPÍTULO 2: ¿Qué tipo de bienes raíces es ideal para ti?

En el Capítulo 1 exploramos los diferentes tipos de inversiones en bienes raíces, que incluyen acciones o títulos de deuda, hipotecas y propiedad directa. Estas inversiones tienen varios bienes tangibles que respaldan cada categoría. Por lo tanto, cuando se invierte en bienes inmuebles es fundamental tener en cuenta las características que los apoyan, ya que la valoración de estos bienes afectará al rendimiento de la inversión.

Al examinar con más detalle las características que apoyan a los bienes inmuebles, es importante tener en cuenta el tipo de propiedad junto con su ubicación.

Si estás considerando la compra de bienes raíces, tienes que tomar en cuenta si las propiedades tienen estructuras para oficinas, bodegas, tiendas, casas residenciales o estructuras similares.

Cada forma de propiedad inmobiliaria tiene factores propios que influyen en su rendimiento. No hay manera de asumir con facilidad y certeza que un tipo de bienes raíces tendrá un buen rendimiento en cualquier mercado en un momento dado. Del mismo modo, no hay manera de asumir que una propiedad seguirá siendo en el futuro una gran inversión de acuerdo con sus rendimientos pasados.

Producción de ingresos

A continuación se presentan formas de propiedad inmobiliaria que pueden proporcionarte ingresos:

- Residencial arrendado

- Industrial

- Venta al por menor

- Oficinas

Existen otras formas de bienes raíces que producen ingresos, pero son menos populares: por ejemplo, las residencias para personas de la tercera edad, los estacionamientos, los mini-almacenes y los hoteles. El factor común de las propiedades en las que nos estamos concentrando es que pueden generarte ingresos regulares.

Sin embargo, también puede ser buena idea invertir en propiedades que no generan ingresos, tales como edificios comerciales vacíos, propiedades vacacionales y casas residenciales. Pero hay que tener en cuenta que al invertir capital en este tipo de bienes inmuebles no podrás recibir ningún ingreso por alquiler. Por lo tanto, todos tus ingresos serán en forma de revalorización del capital.

Ten en cuenta que tus ingresos deben ser suficientes para cubrir todos los pagos de la hipoteca, porque no recibirás ningún tipo de ingreso si inviertes en propiedades que no los generan.

Propiedades de venta al por menor

Hay diferentes tipos de propiedades de venta al por menor, que pueden variar desde estructuras para inquilinos en áreas de alto tráfico o grandes tiendas comerciales. En la actualidad, el modelo de calle de alto tráfico es una mejor inversión, ya que los minoristas pueden ocupar locales más amplios que en un centro comercial cerrado. Estos también tienen más visibilidad y accesibilidad desde las áreas circundantes.

En muchas propiedades de venta al por menor existe algo llamado "ancla", que a menudo es un minorista amplio y popular que sirve como un imán para atraer la atención.

Wal-Mart y McDonalds son anclas muy populares. Cuando una propiedad tiene un ancla que está relacionada con la comida, se considera como una propiedad anclada a la tienda de alimentos o anclada a la comida. Estos anclajes suelen mejorar el fundamental de la propiedad y la hace más atractiva para la inversión.

Hay muchos factores que impulsan la demanda de espacios comerciales. Estos incluyen los niveles relativos de ingresos, el crecimiento de la población en el área, la densidad de población, su visibilidad y su ubicación. Desde un punto de vista económico, los minoristas tienen la tendencia a tener éxito si la economía está creciendo y si hay un alto crecimiento de las ventas al por menor.

Los ingresos de las propiedades al por menor son por lo general estables, debido al hecho de que los arrendamientos al por menor son a menudo más largos, y hay una alta probabilidad de que los minoristas estén más interesados en permanecer en la propiedad.

Alquiler de oficinas

Los espacios de oficina suelen ser la inversión inmobiliaria más lucrativa por la que puedes optar. En promedio, pueden ser el tipo de propiedad más alta y más grande, debido a su habitual ubicación en el centro de la ciudad o en áreas de alta densidad.

Básicamente, la demanda de alquiler de oficinas depende de las necesidades de las empresas, así como del espacio medio que ocupe cada empleado de oficina. El personal de oficina promedio se dedica a las operaciones comerciales habituales, como la administración, los bienes raíces, los seguros, la contabilidad y las finanzas. En la actualidad hay una mayor demanda de alquiler de oficinas porque los llamados empleos de cuello blanco siguen aumentando.

Los ingresos procedentes del alquiler de oficinas también pueden variar porque el mercado suele depender del rendimiento de la economía. Una desventaja es que los alquileres de oficinas tienen altos gastos de operación, por lo que si el espacio queda vacante, puedes experimentar pérdidas significativas. Pero en los períodos económicos de bonanza los alquileres de oficinas pueden proporcionarte grandes ingresos, porque a medida que la demanda de oficinas vaya en aumento, podrás aumentar tus tarifas.

Propiedades industriales

Los espacios industriales son considerados como la mercancía de la industria inmobiliaria. En general, tienen costos operativos más bajos, esfuerzos administrativos menos intensos, y requieren de una inversión mínima.

Existen diferentes formas de propiedad industrial según el uso.

Por ejemplo, puedes utilizar una instalación estructural para la distribución, la investigación, la fabricación o el almacenamiento. Algunos alquileres industriales podrían incluso tener edificios de oficinas completos o parciales.

También hay factores importantes que hay que tomar en cuenta, como la configuración del edificio, las rutas de transporte principales, la funcionalidad, o el nivel de especialización necesario. Para algunas aplicaciones, el inmueble también podría requerir instalaciones al aire libre.

Propiedad residencial de ocupación múltiple

En general, las propiedades residenciales de ocupación múltiple son las que te pueden brindar los ingresos más altos. Independientemente de la condición de la economía, las familias siempre están buscando dónde vivir.

La ocupación de las propiedades residenciales tiene una tendencia a la alta en condiciones económicas normales.

Un factor que contribuye a la estabilidad de las propiedades con fines residenciales es que perder a un inquilino apenas ocasionará efectos visibles en tus ingresos, mientras que si pierdes a un inquilino en cualquier otro tipo de propiedad, los efectos negativos podrían ser significativos.

Para gran parte de las propiedades comerciales, el inquilino puede alquilar completa o parcialmente, lo que básicamente significa que el mantenimiento puede ser transferido hacia ellos. Pero las propiedades residenciales generalmente no tienen esta característica, lo que significa que el riesgo creciente en los costos de operación del edificio es típicamente asumido por el propietario de la propiedad durante la duración del contrato de arrendamiento.

En países altamente desarrollados como el Reino Unido y Australia, hay financiamiento respaldado por el Estado que podrías aprovechar. Al pagar una prima mínima, el financiamiento de la propiedad por lo general puede reducir las tasas de interés de la hipoteca, lo que aumenta los rendimientos potenciales de tu inversión.

CAPÍTULO 3: LOS BIENES RAÍCES COMO NEGOCIO

Entre las mejores características de los bienes raíces es que pueden brindarte rendimientos regulares, ya sea en forma de crecimiento del capital o en ingresos. Por lo tanto, los bienes raíces ofrecen un componente que se comporta como una inversión en bonos, porque te puede proporcionar un flujo de ingresos constante y regular. También guarda cierta similitud con las acciones porque su valor puede fluctuar de vez en cuando. Al igual que las acciones que tienes que esperar por un tiempo, es probable que esperes a que el valor aumente regularmente en lugar de bajar.

Los ingresos procedentes de los bienes inmuebles se asocian directamente a los pagos por alquiler que recibes de tus inquilinos, menos los gastos generales en los que incurres para mantener la propiedad por encima de los pagos de financiación. Por lo tanto, debes entender lo crucial que es mantener tu propiedad ocupada tanto como te sea posible. La vacante podría resultar en ingresos insuficientes para cubrir los gastos generales y los pagos de la hipoteca. Tu capacidad para mantener el espacio siempre ocupado dependerá totalmente de la demanda actual del mercado de la vivienda. Esto se refiere a la demanda y la oferta de superficies de alquiler con las que compartas categoría.

Cuando el mercado de la vivienda es débil, habrá un exceso de oferta de espacios disponibles y la demanda será menor. Por lo tanto, tendrás que cobrar tarifas más bajas para mantener el edificio siempre ocupado.

Y por supuesto, si tus ingresos por alquiler son bajos, tu rentabilidad también será más baja.

Puedes determinar la plusvalía de una propiedad inmobiliaria a través de una tasación, proceso que abordaremos más adelante. Por ahora, lo que debes tener en cuenta es que un tasador por lo general utiliza registros de transacciones de ventas reales, así como otros datos del mercado de la vivienda, para tasar el valor de la propiedad en el mercado actual si está disponible para la compra.

Cuando el resultado de la tasación es que puedes vender la propiedad a un precio mayor que el de compra, entonces has logrado un retorno de capital positivo. Debido a que el tasador usará transacciones previas para juzgar el valor de los bienes raíces, los rendimientos del capital pueden estar directamente relacionados con el rendimiento de tu propiedad en el mercado. Esto se verá afectado significativamente por la demanda y la oferta de inversiones inmobiliarias.

La volatilidad de los bienes raíces se ve afectada principalmente por la apreciación del capital.

Los ingresos por alquiler tienden a ser muy estables, y los rendimientos del capital tienden a fluctuar de vez en cuando. Por otro lado, la volatilidad de los ingresos totales suele estar en medio.

Características importantes de los bienes raíces

A continuación se presentan importantes características únicas del mercado inmobiliario en comparación con otras formas de instrumentos de inversión como bonos y acciones.

Los bienes raíces son tangibles

Los bienes raíces son una inversión tangible, porque realmente puedes sentir y ver lo que has comprado. También puedes visitar el terreno o la propiedad, conversar con tus inquilinos e incluso invitar a tus familiares y amigos, incluyendo a posibles inversionistas.

Debido a esta característica, tienes cierto control físico sobre tu inversión y puedes abordar fácilmente cualquier problema que pueda surgir con ella, lo cual es imposible si tu inversión es en acciones o bonos.

Los bienes raíces no tienen un vencimiento fijo

A diferencia de los bonos, que tienen una fecha de vencimiento determinada, la inversión en bienes raíces no la suele tener.

En los Estados Unidos y el Reino Unido, es común que los inversores mantengan la propiedad incluso durante cientos de años. Esta característica de los bienes raíces te permitirá comprar una propiedad, decidir sobre la estrategia para desbloquear su potencial de ingresos, y luego optar por vender la propiedad según lo consideres necesario. Este rasgo no se cumplirá si estás invirtiendo en una inversión inmobiliaria de deuda a plazo fijo, porque esta hipoteca sí viene con un vencimiento fijo.

El mercado de bienes raíces es un mercado ineficiente

El mercado de bienes raíces es un mercado ineficiente, pero esto no significa que sea un mal mercado. Decir que es ineficiente refiere a la condición del mercado en el que la información es asimétrica entre los participantes en el mercado.

Esta característica te permitirá obtener mayores beneficios si tienes acceso a más información, recursos o experiencia. Por el contrario, los mercados públicos como los bonos y las acciones son mercados eficientes, porque la información a menudo se distribuye entre los participantes, y a aquellos que tienen información privilegiada no se les permite negociar en la plataforma. En el mercado de bienes raíces, podrás ganar mucho más dinero en la medida en que tengas más información, pues podrás ver oportunidades para obtener más ingresos antes que los demás interesados.

Los bienes raíces traen consigo costosos cargos por transacción

La mayoría de las inversiones inmobiliarias, especialmente las que provienen del mercado privado, traen consigo altos costos de venta y precios de compra.

Para el proceso de compra hay que pagar honorarios por ingenieros, abogados, agentes de bienes raíces, además de otros costos que podrían aumentar el precio de compra efectivo que está muy por encima del precio real que el vendedor recibe. En la venta de bienes raíces tienes que asumir los honorarios de corretaje, que pueden ser sustanciales. Debido a los altos costos del comercio de bienes raíces, es muy común tener propiedades por períodos más largos, y es raro que los inversionistas se enfoquen en la especulación.

Los bienes raíces requieren de administración

Recuerda que los bienes raíces son tangibles, por lo que deben ser administrados con regularidad. Debes asegurarte de que los inquilinos sean atendidos y de que el mantenimiento de la propiedad no sea ignorado. También es importante renovar la propiedad si el edificio comienza a volverse viejo.

Los bienes raíces tienen menor liquidez

Aparte de los valores en bienes raíces, no existe ninguna actividad comercial pública en la que se puedan negociar propiedades inmobiliarias. Por lo tanto, puede ser difícil vender la propiedad porque tienes que pasar a través de corredores privados. Como resultado, normalmente hay un desfase entre tu decisión de vender finalmente la propiedad y el momento en que recibes el pago. Este desfase podría durar varios meses si el mercado está realmente en recesión.

Variabilidad regional

Una vez más, la ubicación es un aspecto crítico en la compra de bienes raíces. Una propiedad o terreno puede proporcionarte niveles de ingresos muy diferentes dependiendo de la ciudad, país o región en la que te encuentres. La variabilidad regional se presenta incluso dentro de una misma ciudad. Necesitas considerar las diferencias regionales al considerar la compra de bienes raíces, porque tu elección de la ubicación para comprar la inversión inmobiliaria tendrá un efecto significativo en tus ingresos totales.

Calidad de los inquilinos

Al evaluar propiedades inmobiliarias que producen ingresos, algo que debes tomar siempre en cuenta es la calidad del inquilino.

Esto es importante porque una vez que compres la propiedad, en realidad estarás comprando dos cosas: el flujo de ingresos de los inquilinos, y la propiedad real de bienes raíces. Existe un mayor riesgo de inversión si es probable que los inquilinos que atraes no paguen su renta mensual.

Ventajas y desventajas de los bienes raíces como negocio

Los bienes raíces se mantienen por lo general como un componente de tu cartera de negocios o de inversiones, y básicamente se les considera como una clase alternativa para la inversión. En realidad, encajan bien como componentes de una cartera debido a sus cualidades específicas que podrían mejorar los ingresos de una cartera más grande, o disminuir el riesgo en el mismo nivel de ingresos.

Ventajas de la inversión en bienes raíces

A continuación te presentamos algunas de las ventajas de incluir bienes raíces en tu cartera:

Puedes controlar el rendimiento de la inversión

Ya hemos señalado que los bienes raíces son un activo tangible que te permite controlar la propiedad para mejorar su rendimiento o aumentar su valor. Por ejemplo, si quieres aumentar el valor de la propiedad, puedes optar por renovarla para lograr un estilo que atraiga a inquilinos de alta calidad. Como inversionista, tienes un alto nivel de control sobre el rendimiento de tu inversión en comparación con otras formas de inversión como acciones o bonos.

Diversificación del valor

La diversificación es una estrategia de inversión muy popular, sin importar el instrumento específico en el que te estés enfocando. Los ingresos procedentes de los bienes inmuebles tienen correlaciones relativamente más bajas en comparación con otras clases de activos, como los instrumentos de inversión convencionales como los bonos y las acciones. Esto diversificará tu cartera de inversiones o negocios.

Cobertura contra la inflación

Las ganancias que recibes de los bienes raíces están directamente asociadas a los ingresos por alquiler que percibes de tus inquilinos. Algunos contratos de arrendamiento contienen disposiciones para aumentar el alquiler que podrían indexarse a la inflación.

En algunos casos, las tarifas de alquiler podrían incrementarse al expirar el plazo del arrendamiento y al renovarse el contrato. De cualquier manera, el ingreso por bienes raíces tiende a aumentar más rápido en una economía con una tasa de inflación más alta, lo que te permitirá mantener de forma sostenida ingresos reales.

Puedes mejorar el rendimiento

Como componente de tu cartera de inversiones, los bienes raíces te permitirán obtener mejores rendimientos para un determinado nivel de riesgo. De la misma manera, cuando agregas bienes raíces a una cartera, puedes mantener los ingresos de ella mientras disminuyes el riesgo.

Aspectos que debes considerar al comprar bienes raíces

También hay algunos factores que necesitas considerar antes de invertir en bienes raíces.

La necesidad de una buena administración

Con pocas limitaciones, una propiedad de bienes raíces necesita ser administrada constantemente, por lo general en dos niveles. En primer lugar, debes contar con un administrador de la propiedad que gestione las operaciones diarias del negocio. En segundo lugar, debes tener un plan estratégico para poder asegurar ingresos a largo plazo. Hay casos en los que las funciones administrativas pueden ser combinadas y gestionadas por un solo grupo. Por supuesto, esto trae consigo un costo, e incluso si lo haces por ti mismo en tanto propietario, seguirás requiriendo de valiosos recursos como habilidad, tiempo, y dinero.

Mayor costo de compra, venta y operaciones

Si decides realizar transacciones en el mercado privado de bienes raíces, las comisiones de transacción podrían ser significativas si las comparas con otros tipos de inversión. A menudo es más práctico comprar activos inmobiliarios más grandes, porque podrías distribuir los costos de transacción entre una base de activos más amplia. También es costoso operar bienes raíces porque son algo tangible y necesitan de una administración regular.

Ciclos de arrendamiento

A diferencia de otras clases de activos, el mercado de bienes raíces es cíclico. Tiene de hecho dos ciclos: el del mercado de inversión, y el del mercado de arrendamiento. El mercado de arrendamiento se refiere a la oferta y demanda que existe en cuanto a espacios de propiedad inmobiliaria.

Como en la mayoría de los mercados, las condiciones del mercado de arrendamiento están influenciadas por el lado de la demanda (el espacio que necesitan tus inquilinos) y el lado de la oferta (la cantidad de espacio disponible). Las vacantes disminuirán si la demanda de espacio también aumenta, y la escasez de espacio podría aumentar los precios del alquiler.

Cuando las rentas alcanzan niveles económicos, puede ser más lucrativo para los promotores residenciales construir espacio adicional para que la oferta satisfaga la demanda.

Por otro lado, el mercado de inversión de bienes raíces se mueve en varios ciclos en comparación con el mercado de arrendamiento. El lado de la oferta se compone de propiedades que son compradas por los propietarios, mientras que el lado de la demanda del mercado se compone de inversores que tienen los medios para la inversión inmobiliaria.

Si hay abundancia en la oferta de capital en busca de inversiones inmobiliarias, entonces los precios de la propiedad podrían aumentar. Con el aumento de los precios, más propiedades podrían estar disponibles en el mercado para satisfacer la demanda.

Aunque el mercado de inversión y el de arrendamiento tienen ciclos separados, ambos se influyen mutuamente. Por ejemplo, cuando hay una disminución en el mercado de arrendamiento, también puede haber un crecimiento en los ingresos por arrendamiento. Con el crecimiento decreciente de los alquileres, puedes ver el mercado como demasiado costoso y dejar de comprar más bienes raíces. Si hay una disminución en el capital que busca bienes raíces, entonces los precios podrían disminuir para traer equilibrio.

Aunque por lo general no se puede cronometrar al mercado, debes entender las etapas del mismo si estás considerando hacer una compra.

Debes ponderar cómo podría funcionar la propiedad a medida que se mueva por los diferentes ciclos.

Dificultad para la adquisición

Puede resultar difícil crear una cartera inmobiliaria diversificada y significativa. Tendrías que comprar bienes raíces en diferentes lugares geográficos, así como a través de diferentes clases de activos que podrían estar fuera del alcance de la mayoría de los inversores. Sin embargo, también podrías comprar unidades en una seguridad pública o en una agrupación privada, y estas unidades suelen estar respaldadas por una amplia gama de carteras.

Medición del rendimiento

No existe ningún punto de referencia de alta calidad al que puedas acudir si estás en el mercado privado de bienes raíces.

En el mercado de valores, el riesgo y la rentabilidad son bastante fáciles de evaluar, pero puede ser muy difícil medir el rendimiento de los bienes raíces.

CAPÍTULO 4: CÓMO COMPRAR BIENES RAÍCES

Puedes optar por comprar tus bienes raíces en deuda privada, deuda pública, capital privado o capital público. En este capítulo, discutiremos estas formas de bienes raíces con más detalle y bajo el enfoque específico de inversiones de capital.

Bienes raíces de capital público

El capital público se compone de valores en bienes raíces como organizaciones inmobiliarias que cotizan en la bolsa o en fidecomisos inmobiliarios de capital estándar.

Debido al hecho de que se pueden negociar las inversiones en el mercado de valores, también puedes aprovechar y darle seguimiento a sus patrones de ingresos que se comportan como valores, aunque los activos de apoyo están en bienes raíces.

Estos valores inmobiliarios públicos pueden negociarse con una prima o un descuento sobre el valor del activo neto, lo que significa que el valor de la empresa puede ser diferente en comparación con la suma que subyace en el valor de los bienes inmuebles. La tasación en el mercado de valores, que está influenciada por el sentimiento y la psicología del inversor, puede hacer que esto suceda. Es imprescindible que seas consciente de esta característica si estás considerando seriamente la compra de bienes raíces, pues estas inversiones podrían tener un rendimiento muy diferente en comparación con las propiedades de apoyo de las que estas empresas públicas tienen propiedad garantizada.

La relativa facilidad para comprar una propiedad es una de las ventajas de comprar un valor. Puedes efectuar esta compra de manera similar a la de una acción, por lo general a través de tu corredor de bolsa. Puedes hacer un pedido y luego pagarle a tu corredor la comisión que corresponda. También puedes alcanzar una alta liquidez a través de los bienes raíces, ya que puedes venderlos a corto plazo y sin grandes retrasos.

Bienes raíces de capital privado

Una forma convencional de poseer bienes raíces es a través del capital privado. Las personas que han comprado sus residencias privadas son parte de este mercado. Debes considerar varios factores si estás buscando ofertas en el mercado privado. A continuación presentamos algunos consejos que te pueden ser de utilidad.

- Busca los fundamentos positivos de tus inversiones. Procura preguntarte a ti mismo qué es lo que está impulsando a los inquilinos a residir en la propiedad que quieres comprar, y qué es lo que podría suceder en el futuro que afectaría el atractivo de la misma. Considera también otros factores como la capacidad de pagar la cuota mensual, la condición, la ubicación y la configuración de la propiedad, y la calidad de los inquilinos.

- Dedica tiempo a buscar la inversión que pueda cumplir con tus características deseadas. Es mejor encontrar la inversión correcta que apresurarte a comprar una propiedad que más tarde podría causarte problemas.

- La credibilidad y confiabilidad que logres instituir serán cruciales para mantener un flujo estable de oportunidades de inversión.

- Las oportunidades en bienes raíces serán más fáciles de encontrar si le agradas a la gente.

- Estar en contacto con las diferentes fuentes de operaciones es clave para localizar oportunidades de inversión. Es muy importante que conozcas a los diferentes agentes y corredores de bienes raíces, y así como tener una red de otros inversionistas de bienes raíces, para que puedas mantenerte al día con los cambios rápidos en el mercado. También podrías encontrar ofertas en lugares inesperados como con tu agente hipotecario, abogado, banquero o a través de los registros de ejecuciones hipotecarias.

Después de encontrar la oportunidad más adecuada, procura realizar una evaluación financiera para asegurarte de que los ingresos puedan cumplir con tus criterios de inversión.

Si necesitas financiamiento, puedes consultar a tu agente hipotecario o entidad crediticia para averiguar los tipos de hipotecas disponibles de acuerdo con tu elegibilidad y necesidades.

Además, deberías realizar una investigación exhaustiva sobre tu inversión. Asegúrate de incluir informes completos sobre las condiciones ambientales y físicas de la propiedad, y luego realiza una tasación.

También debes pedir la asistencia de tu abogado para obtener diferentes resultados de búsqueda y para asegurarte de que el título sea apropiado y correcto. Hay muchas otras tareas que tendrás que completar según la complejidad de la compra.

Existen otros gastos asociados con el proceso de compra y la diligencia debida, así que asegúrate de que estos costos sean incluidos en tu modelo de financiamiento. Otros costos comunes incluyen los honorarios de tu abogado, el costo del financiamiento, el costo de la tasación, entre otros.

Ten en cuenta que tu papel no termina después de comprar la propiedad inmobiliaria. A continuación te presentamos algunos aspectos que debes tomar en cuenta después de comprar la propiedad:

- Debes averiguar cómo administrar correctamente la propiedad.

¿Eres capaz de hacerlo por ti mismo, o tienes los suficientes recursos para contratar a un administrador de propiedades? Ten en cuenta que deberías llevar la contabilidad de costes para ello.

● Si decides contratar a un administrador, ten en cuenta que este podría no estar en sintonía con tu estrategia de inversión. Por eso es necesario aclarar que eso está incluido en la descripción de su trabajo. De ti depende que el negocio sea viable a largo plazo e involucrar a tu administrador de la propiedad en la formulación de tu estrategia.

● También es fundamental cuidar de tus inquilinos, así que procura respetar sus requisitos y mantener una relación cordial con ellos.

● La decisión de poner la propiedad a la venta en el mercado es tan importante como la decisión de compra. Pero debes recordar que tienes que asumir los costos de negociación asociados a completar la venta.

Bienes raíces de deuda pública y privada

Los valores comerciales respaldados por hipotecas (CMBS, por sus siglas en inglés), que son comunes en los Estados Unidos y el Reino Unido, son un buen ejemplo de deuda pública. Este tipo de inversión implica un conjunto de préstamos de inversión inmobiliaria, que son construidos por la institución crediticia y luego puestos en el mercado por lotes. Las ganancias se agruparán a medida que realices tus pagos regulares, y luego se distribuirán a los tenedores de valores de acuerdo con una prioridad determinada por la clasificación del valor.

La calificación de la seguridad es evaluada por una organización independiente como Standard & Poor's Fitch, y Moody's. El proceso de calificación de la garantía implica la revisión de la agrupación de préstamos hipotecarios, que incluye la evaluación de los activos de garantía básicos, que se utiliza para determinar la calidad del flujo de caja que se puede obtener de estos préstamos.

Un alto porcentaje de la agrupación de hipoteca será calificado como AAA si los préstamos son considerados de alta calidad crediticia. Las categorías de calificación son coherentes con las categorías de calificación de los bonos, de modo que, por ejemplo, el tramo A está por debajo del AAA y el comprador de la propiedad B se colocará en todos los demás tramos primarios. Normalmente, los propietarios de los valores más antiguos deberían recibir el principal más los intereses antes de las subpiezas. Por lo tanto, hay más riesgo en los tramos de crédito bajos, pero el rendimiento potencial es bastante alto.

Dado que cada tramo del préstamo agrupado tiene su propia vulnerabilidad a los cambios, vencimientos y riesgos, la decisión de invertir debe depender del tipo de exposición que necesites para tu cartera. También debes integrar la evaluación de la condición del tipo de interés, así como los cambios potenciales. Puedes comprar valores comerciales respaldados por hipotecas del corredor de las mismas.

Asegúrate de consultar a un asesor antes de comprar este valor, pues según las condiciones de los bienes raíces, pueden fluctuar de forma diferente.

Si estás interesado en invertir en capital privado, considera que necesitas asegurar la financiación de la propiedad al propietario. Como devolución del préstamo inmobiliario, puedes recibir un tipo de interés ajustable o fijo y un status de prioridad en la reclamación de activos inmobiliarios en caso de impago.

Un buen ejemplo de inversión de deuda privada es la hipoteca de devolución al proveedor (o VTB, por sus siglas en inglés). Cuando eres propietario de un inmueble comercial y quieres venderlo, puedes optar por aceptar el pago total o parcial. Similar a la hipoteca tradicional que recibes de un prestamista, el comprador pagará el interés del préstamo durante un cierto período de tiempo, y puedes registrar tu reclamo para que tengas derecho a los pagos del título de la propiedad.

Una opción es participar en una agrupación de deuda de propiedad privada, que es un fondo de capital en el que puedes invertir a través de diferentes hipotecas. Esta inversión necesitará más investigación para determinar el riesgo, debido a que no existe ninguna agencia calificadora a la que puedas acudir por referencias. Una de las ventajas que tiene una hipoteca de agrupación sobre una VTB es que el impago de la hipoteca tendrá un efecto menor en tu inversión inmobiliaria si la combinas con otros préstamos para equilibrar el riesgo.

Antes de que puedas comprar unidades en la agrupación privada, debes mantenerte en contacto con un experto o especialista en propiedades que pueda montar estas unidades, o con un administrador que te ayude a tratar con el mercado de hipotecas privadas.

Capítulo 5: Cómo determinar el valor de inversión de los bienes raíces

Existen dos maneras de generar ingresos a partir de los bienes raíces:

1.   Retorno de ingresos por el pago de alquiler

2.   Retorno del capital

El retorno de ingresos proviene principalmente del pago realizado por los inquilinos. Este es un cálculo directo porque solo necesitas saber cuánto dinero en efectivo te queda después de pagar todos los gastos de mantenimiento de la propiedad.

El retorno de capital es el movimiento del valor de la propiedad debido a la inflación o a la demanda del mercado. El rendimiento del capital puede ser más difícil de calcular y puede requerir la ayuda de un tasador profesional.

Vender la propiedad y averiguar cuánto dinero puedes recibir por la venta es la manera más precisa de determinar el valor de tu inversión inmobiliaria. Ciertamente, la desventaja de este método es que dejas de ser el propietario del activo. En muchos casos, conviene determinar el valor sin vender el activo fijo, de modo que se puede aproximar el valor de la propiedad en función del precio, y lo mismo puede hacerse para otras propiedades similares.

El proceso de estimación puede ser subjetivo e inexacto. Recuerda que el mercado de bienes raíces no tiene la comodidad de un mercado público como los bonos o las acciones, donde puedes determinar fácilmente el valor de los activos.

También es raro que las propiedades de bienes raíces sean exactamente iguales que las acciones de una empresa que podrían ser las mismas. Otro factor que contribuye a la subjetividad de la valoración inmobiliaria es que el activo no se puede negociar con facilidad. Por lo tanto, podría ser un desafío establecer el valor del mercado, especialmente si ya ha pasado un tiempo considerable desde la última operación comercial con la que podrías hacer una comparación.

Debido a los problemas en la valoración, es mucha gente la que opta por contratar los servicios de un tasador profesional. El trabajo principal de un tasador es hacer una evaluación objetiva del valor de mercado de una propiedad mediante la estimación del posible precio de un intercambio entre el vendedor y el comprador. Los tasadores están debidamente capacitados y son expertos en la realización de tasaciones de propiedades, y por lo general cuentan con una licencia emitida por alguna organización profesional que ha establecido reglas para que todos los miembros sigan.

Métodos de tasación

Los tasadores pueden usar diferentes métodos para calcular el valor de una propiedad. El método de la tasa de capitalización es una forma popular de tasar el valor de una propiedad generadora de ingresos. Básicamente, una tasa de capitalización es igual al ingreso neto de una propiedad que se divide por el precio de compra. Para utilizar el modelo de tasa de capitalización, un tasador cotejará todas las tasas de capitalización de las ventas reales de propiedades de la misma categoría. Los datos de la venta más la tasa de capitalización serán utilizados por el tasador para formar un juicio sobre la tasa de capitalización adecuada para la propiedad que se está tasando. El tasador aplicará entonces esta tasa de capitalización a los ingresos de la propiedad sujetos a la estimación del valor. Por ejemplo, si el 10% es la tasa de capitalización derivada del mercado, y el ingreso neto de la propiedad es de alrededor de 100,000 dólares en el año siguiente a la compra de la propiedad, entonces el valor de la propiedad se puede fijar en 1 millón de dólares.

El método del flujo de caja descontado es otro método popular para la tasación, y es más técnico en comparación con el de tasa de capitalización. Sin embargo, esto implica una proyección del flujo de caja de la propiedad durante un cierto período de tiempo, descontando luego el flujo de caja a un ingreso derivado del mercado para encontrar el valor actual de la propiedad. Por ejemplo, si el flujo de caja de la propiedad en el primer año después de la compra es de 100,000 dólares y la tasa de inflación es del 5% por cada año, la propiedad puede valorarse en alrededor de 1 millón de dólares en el quinto año.

Los tasadores utilizan el método de ventas comparables para examinar las propiedades vacantes. Con este método, el tasador asumirá que el precio de una propiedad similar por metro cuadrado puede ser usado para estimar el precio de otra. Se utiliza a menudo para tasar el valor de una tierra con un cierto enfoque para asegurar que la tierra de referencia tiene la misma densidad de población y se encuentra dentro de la misma zonificación.

Aspectos importantes sobre los servicios de un tasador

Al contratar a un tasador para determinar el valor de tu propiedad necesitas asegurarte de que esta tenga suficiente experiencia en el tipo de propiedad en la que estás interesado. No se recomienda que contrates los servicios de un tasador comercial para valorar un complejo residencial, a menos que este cuente con suficiente experiencia en la tasación de propiedades residenciales. También deben tener experiencia en la tasación de propiedades en tu área local, pues cada área tendrá condiciones distintas de mercado. Si la tasación será posteriormente utilizada por un tercero, como un banco o un prestamista hipotecario, debes asegurar que el informe del tasador sea aceptado por el prestamista. Considera también las cuotas de tasación que tendrás que pagar.

Capítulo 6: Financiamiento de bienes raíces

La cantidad y forma de financiamiento hipotecario es crucial en el desempeño de tu propiedad. Si tu propiedad tiene una hipoteca con una tasa de interés alta o con un préstamo de valor no deseado, entonces esto podría tener efectos negativos en la propiedad. Por lo tanto, es crucial considerar la percepción del mercado si necesitas asegurar el financiamiento. Esto también es importante si piensas que podrías vender la propiedad durante el plazo de tu hipoteca.

Otra razón por la que el financiamiento es tan importante es por el posible impacto del apalancamiento. Aunque este tema es un poco más avanzado, es importante que lo tengas en cuenta desde ahora.

Prosigamos con un ejemplo de cómo una hipoteca podría afectar tus rendimientos de capital, lo que a su vez podría conducir a una tasación.

Digamos que has comprado una propiedad por $500,000 hace un año y sin ninguna hipoteca. Después de obtener los servicios de un tasador, has descubierto que la propiedad vale alrededor de $600,000 en el mercado. Por lo tanto, la apreciación de tu capital es de 100,000 dólares, lo que te permite obtener un rendimiento de capital del 20%.

Pero si has comprado la propiedad a través de una hipoteca del 50% que es solo interés, entonces has pagado $250,000 de tu propio dinero para comprar la propiedad, y luego tu prestamista pagó $250,000. Después del primer año, tu cantidad de deuda sigue siendo de $250,000 porque has optado por un préstamo de solo interés para la propiedad.

Por lo tanto, cuando llegues a la tasación de $600,000 y deduzcas tu hipoteca, el valor acumulado de tu propiedad será de alrededor de $350,000 porque has invertido tus propios $250,000 y tu retorno del capital es de solo $100,000. Pero este es del 40% en lugar del 20% que habrías obtenido sin el financiamiento. Esto sucede porque todavía tienes una ganancia de $100,000, pero pudiste lograrlo a través de los $250,000 de tu propio dinero en lugar de $500,000. Lo que debes considerar es que para este tipo de préstamo, tienes que pagar los intereses a tu prestamista. Esto es lo que se conoce como apalancamiento, y puede tener un efecto significativo en los ingresos de la propiedad.

Cómo acceder al apalancamiento en bienes raíces

Usar tu propio dinero puede ser la mejor manera de acceder al apalancamiento en bienes raíces. Para la hipoteca, el pago inicial habitual del 20 por ciento te permitirá obtener el 100% de la casa donde puedes vivir.

También hay programas hipotecarios que te permitirán pagar una cuota inicial más baja.

Si estás comprando la propiedad como una inversión, tal vez estés en la posición de poder compartir dinero con tus socios. Asimismo, algunos vendedores están dispuestos a financiar una parte del precio de compra de la propiedad que desean vender. Con este arreglo, puedes comprar una propiedad con un pago inicial mínimo, y algunos programas incluso ofrecen cero enganche.

Encontrarse con cero enganche para la inversión en bienes raíces puede parecer demasiado bueno para ser verdad, pero no es imposible. Existen en la actualidad compañías de inversión serias y reconocidas que ofrecen este esquema, que puedes utilizar para amasar millones de dólares. Pero antes de meterte de lleno, tendrás que hacer primero tu diligencia debida. ¿Conoces personalmente a gente que haya logrado ganar millones por comprar bienes raíces con cero enganche? Y trata de mirar la estrategia de marketing de la empresa de inversión inmobiliaria. Si tienen una estrategia a prueba de errores para ayudar a la gente a ganar millones de dólares comprando bienes raíces con cero enganche, ¿por qué no podrían permitirse una publicidad de alta calidad?

Los riesgos de usar el apalancamiento en bienes raíces

Así como el apalancamiento puede funcionar a tu favor, también puede hacerlo en tu contra. Si pagas $50,000 por adelantado para comprar una casa de $250,000, y el precio de los bienes raíces en tu área sigue en descenso para los próximos años, el apalancamiento podría funcionar a tu favor.

Después del primer año, la propiedad de $250,000 solo puede ser valorada en $237,000 si la tasa de depreciación es del 5 por ciento. En el segundo año, el valor de la propiedad podría ser menor a $225,000, lo que te lleva a una pérdida de capital de $25,000.

En el mismo escenario de depreciación del 5%, si los 50,000 dólares por adelantado salen de tu propio bolsillo, solo estarías perdiendo 2,500 dólares después del primer año.

Existe la posibilidad de que termines debiendo más dinero en la propiedad en comparación con su valor real debido al fácil declive del mercado inmobiliario. Como inversionista, esto podría significar una reducción o la eliminación total de tus ganancias. Si los alquileres también están en declive, es posible que no puedas dar en renta una propiedad que cubra el costo de la hipoteca, así como otros gastos relacionados con ella.

Esto puede ser aún más desafiante si eres dueño de varias unidades. Tienes que aspirar a apalancar el dinero controlando todo el activo y pagando solo una parte de tu propio bolsillo. Digamos que estás comprando una casa valorada en $500,000. Como tuviste un pago inicial de $100,000 y el valor ha disminuido en un 20%, el valor de la casa es ahora de $400,000.

Sin embargo, como inversionista, todavía tienes que pagar el interés sobre el capital sobre el valor total de la hipoteca de $400,000.

Esto podría llevar a un incumplimiento en la propiedad si la cantidad que recibes como alquiler también se reduce. Si estás usando el flujo de efectivo de la propiedad para pagar la hipoteca de otras propiedades, la pérdida de ingresos puede resultar en otras repercusiones que podrían terminar en una eventual ejecución hipotecaria y bancarrota.

Aunque no lo consideren como un apalancamiento, muchas personas usan las hipotecas para comprar sus casas. Puedes pagar el préstamo durante un cierto número de años mientras disfrutas de todos los beneficios de la propiedad, incluyendo los ingresos y la revalorización del capital. Lo que interesa resaltar aquí es que puedes usar el apalancamiento como una herramienta efectiva si la usas sabiamente.

Capítulo 7: Consejos esenciales para la compra de bienes raíces

Comprar bienes raíces para invertir puede ser tu camino hacia la riqueza. Esta forma de inversión te dará la oportunidad de asegurar tu futuro financiero y aumentar tu patrimonio. Sin embargo, existe la idea errónea de que la compra de bienes raíces siempre trae consigo beneficios y cosas positivas. Aunque son muchas las personas que han logrado hacerse millonarias por medio de los bienes raíces, lo cierto es que esto no ocurre de la noche a la mañana. Considera que para alcanzar tus objetivos financieros, debes tener una buena estrategia para tu negocio inmobiliario y si puedes administrar bien tu propiedad. En este capítulo, discutiremos los mejores consejos para que puedas asegurar que tu negocio de bienes raíces sea rentable.

Elige la propiedad inmobiliaria adecuada al precio adecuado

La revalorización del capital es un pilar de la compra de inmuebles. Por lo tanto, la selección de una propiedad que tiene el mayor potencial para aumentar su valor puede ser la decisión más importante que tendrás que tomar. Es importante comprar la propiedad al precio correcto.

Esto no se parece en nada a la compra de acciones donde el valor de una compañía es fácilmente accesible. Al contrario, determinar el precio del inmueble es mucho más difícil. Pero esta característica del mercado te ofrece la oportunidad de comprar un activo por debajo del valor de mercado si tienes suficiente conocimiento y eres lo suficientemente paciente.

Por lo tanto, investigar es muy importante en la compra de bienes raíces. Averigua el precio en el que se están vendiendo las propiedades en tu área, y en poco tiempo te harás bueno estimando el valor de una propiedad. Con este conocimiento, será más fácil que negocies un buen trato. No se recomienda comprar una propiedad en un lugar con el que no estés familiarizado, especialmente a través de un agente que esté apuntando a propiedades interestatales. A la mayoría de ellos se les pagan comisiones muy altas que podrían salir del precio inflado de la propiedad.

Si descubres una propiedad que crees que podría proporcionarte ingresos sustanciales, pero no estás seguro de su valor real, es mejor que contrates los servicios de un tasador que pueda hacer dicha estimación en tu lugar. Esta es una herramienta importante en tu arsenal, porque podrías negociar fácilmente el precio.

Las aseguradoras hipotecarias y los prestamistas también poseen datos valiosos sobre varios lugares, así como sobre la promoción inmobiliaria. Trata de obtener acceso a esta información para evitar elegir una mala propiedad. Independientemente de lo que hagas, nunca apresures la decisión de comprar un bien inmueble de acuerdo con la deducción de impuestos. Concéntrate siempre en tomar la decisión correcta.

Asegurarte de tener un flujo de ingresos regulares por alquiler también es muy importante porque este hará la propiedad mucho más asequible. Con el tiempo, los diferentes tipos de propiedades residenciales (terrenos, residenciales, comerciales) tienden a superarse entre sí. Por ejemplo, puede que un terreno sin urbanizar no te proporcione ingresos por alquiler, pero podría apreciarse fácil y rápido si está ubicado en una zona con poca disponibilidad.

La compra de un inmueble residencial podría significar menos costos de mantenimiento en comparación con la inversión en un espacio comercial. Algunos lugares también ofrecen rendimientos de alquiler más altos, pero es importante que hagas tu debida diligencia regularmente, pues la mayoría de estas propiedades pueden proporcionarte menos oportunidades para el crecimiento de capital.

Además, debes procurar que la propiedad sea adecuada para el sector demográfico que conforma el mercado de dicho lugar. Por ejemplo, si es un lugar cercano a una universidad, se necesitan más habitaciones para alojar a los estudiantes. Un hogar residencial para una familia debe estar cerca de oficinas, escuelas y áreas de recreación en un vecindario tranquilo en comparación con una casa ubicada sobre una calle muy transitada.

Estudia tu mercado y las dinámicas del área

Toma en cuenta otros tipos de propiedades en el área y habla con los residentes locales así como con los agentes de bienes raíces. A través de estas personas, podrás saber qué áreas son consideradas como las áreas principales.

Una táctica que puedes utilizar es informar a los agentes de bienes raíces de la competencia sobre tu interés en comprar una propiedad para que puedas tener acceso a información privilegiada. Pero asegúrate de hacer tu debida diligencia y solo consultar a profesionales confiables. Además, obtener información independiente de alguna fuente también puede proporcionarte información sobre la renta promedio, valores de propiedad, informes de suburbios, y datos demográficos.

También es buena idea informarte de los cambios que podrían estar ocurriendo en tu suburbio, y el consejo de negocios local podría ayudarte en ese sentido.

Por ejemplo, un trabajo de construcción al lado de la propiedad que te interesa puede hacer más difícil encontrar a un inquilino dispuesto a pagar al precio que has fijado, o una construcción de carretera planeada en el futuro podría significar una reducción del tráfico en la calle y aumentar el valor de tu propiedad mucho más rápido de lo esperado.

Haz las cuentas

La inversión en bienes raíces es una forma comprobada de lograr riqueza conforme pase el tiempo. Pero es justo eso: debes considerarla como una inversión a largo plazo. Por lo tanto, tienes que asegurarte de que puedes mantener el pago de tu hipoteca a lo largo de los años.

No conviene que vendas tu propiedad sino hasta que estés listo, aunque si alguna vez experimentas alguna dificultad financiera, tal vez te veas obligado a venderla a un precio más bajo.

Cuando compras una propiedad de bienes raíces, puede que sea asequible mantener la propiedad y el servicio del préstamo. Esto se debe a que estarás ganando una renta y puedes conseguir una deducción de impuestos sobre la mayoría de los gastos relacionados con la propiedad. Ten también en cuenta que con el tiempo el alquiler tiende a aumentar (y tus ingresos junto con él), por lo que el negocio puede terminar siendo bastante pasivo.

A continuación te mostramos un ejemplo de lo que te puede costar ser propietario de una propiedad inmobiliaria para inversión.

Es ideal considerar el costo del servicio del préstamo después de impuestos para que puedas determinar el costo en términos reales.

Digamos que has comprado una propiedad a $500,000 con $20,000 en impuestos de sellado y otros cargos.

Tienes un préstamo por $520,000 y estás ganando alrededor de $2,000 por mes.

A continuación te mostramos un ejemplo del costo continuo de mantenimiento de la propiedad:

Tasa de interés: 5% al año, así que $26,000

Impuesto sobre la tierra: $800

Comisión del agente: $2000

Seguro: $650

El costo total es $29,450

El ingreso por alquiler es de $24,000

El déficit anual es de $3,270 (suponiendo una deducción fiscal del 40%)

El costo anual después de impuestos es de $3920, o $326 al mes.

Por lo tanto, el costo de mantener la propiedad de bienes raíces para la inversión es de solo $326 por mes. Es muy importante que estés enterado de los impuestos implicados en la inversión en bienes raíces y añadirlos a tus cálculos. También debes consultarlo con tu contador, pues estas cifras pueden cambiar con el tiempo.

Ten en cuenta otros cargos como el impuesto sobre la tierra, el impuesto sobre las ganancias de capital, y el impuesto de sellado.

Considera que las tasas de interés pueden variar con el tiempo, pero lo mejor para los inversores es que si las tasas de interés aumentan, normalmente también pueden esperar un aumento en sus ingresos por alquiler.

Considera también que los bancos y otras instituciones de préstamo solo están considerando el 80% del alquiler para determinar si realmente tienes la capacidad de solventar un préstamo de inversión.

Esto se debe principalmente a los costes añadidos, como las tasas de vacantes y los gastos de alquiler en los que podrías incurrir.

Elige la hipoteca adecuada para ti

Son varias las opciones cuando se trata de financiar tu propiedad de inversión.

Por lo tanto, debes buscar asesoramiento confiable en esta área, pues una buena o mala decisión podría tener un gran impacto en tu bienestar financiero.

La mayoría de las personas pasan demasiado tiempo buscando hipotecas solo para ahorrarse unos cuantos dólares al mes. Pero es ideal que dediques más tiempo a la investigación de tu mercado inmobiliario local, donde podrías obtener mejores ganancias.

Algunos inversionistas principiantes incluso regatean con los prestamistas para ahorrarse unos cuantos dólares en su hipoteca, solo para terminar pagando seis figuras como reservación.

Considera que el préstamo inmobiliario para inversión está sujeto a deducciones fiscales. Por otro lado, los costos de los préstamos no están sujetos instantáneamente a la deducción de impuestos, y es sumamente importante entender la diferencia.

Es esencial que estructures tu préstamo adecuadamente y debes hacerlo con la ayuda de un asesor financiero confiable. También debes evitar mezclar el préstamo de la propiedad con tu propio préstamo de vivienda. Separa tus negocios personales de los de bienes raíces, de forma que puedas maximizar tus beneficios fiscales y reducir el costo de la contabilidad.

El optar por un préstamo de tasa ajustable o uno de tasa fija dependerá de tu situación particular. Sin embargo, debes ponderar cuidadosamente ambas opciones antes de decidir. Con el paso del tiempo, las tasas ajustables han demostrado ser mucho más asequibles, pero elegir un préstamo de tasa fija en el momento adecuado también podría brindar frutos. Ten en cuenta que esa tasa normalmente aumenta junto con los precios de la propiedad.

Por lo tanto, aumentar la tasa de interés no siempre es una mala idea para los inversores inmobiliarios, pues podrías tener más oportunidades de lograr más crecimiento de capital.

La mayoría de los préstamos inmobiliarios para inversión se establecen como "pago de solo interés" en lugar de "pago principal más los intereses aplicables". Esto aumentará la eficacia fiscal de la inversión, especialmente si ya tienes un préstamo existente.

Sin embargo, no debes olvidar tomar tu flexibilidad en cuenta. La razón principal por la que un préstamo de solo interés puede ser adecuado para una inversión inmobiliaria es que con el otro tipo de préstamo, el beneficio de un apalancamiento negativo podría disminuir a medida que se paga el importe del préstamo. También debes tomar en cuenta el préstamo de inversión, que te permite pagar los intereses por adelantado o a través de una cuenta compensatoria.

Contrata a un administrador de propiedades

Lo más recomendable es que contrates a un administrador para tu propiedad, de preferencia uno profesional con experiencia en bienes raíces que pueda cuidar de tus inquilinos. Contratar a un profesional te dará fácil acceso a asesoramiento continuo, y te permitirá gestionar fácilmente a tus inquilinos y obtener el mejor valor de tu propiedad inmobiliaria.

Un buen administrador de propiedades te informará cuándo debes considerar cambiar el alquiler, y cuándo deberías invertir en más unidades.

Busca un administrador que pueda aconsejarte con respecto a la ley vigente de propiedades, así como tus privilegios y obligaciones como propietario.

Un administrador también debe ocuparse de cualquier asunto relacionado con el mantenimiento, aunque eres tú quien debe tener la última palabra sobre todos los gastos.

El administrador de la propiedad también debe ayudar en la búsqueda de inquilinos de alta calidad, realizar la revisión de antecedentes, y asegurarse de que todos los alquileres se pagan a tiempo. Es crucial que no siempre interfieras con tus inquilinos, pues tienen el derecho a la privacidad. Por lo tanto, tu administrador debe ser una persona respetuosa.

Esto no excluye el hecho de que tengas que realizar inspecciones regulares de la propiedad para asegurarte de que está siendo cuidada por los inquilinos. Esto, sin embargo, lo debes hacer a través de tu agente y notificar anticipadamente sobre la inspección.

Lo bueno de contratar a un administrador para tu propiedad es que el costo de administración es a menudo un porcentaje de los ingresos de alquiler que recibirás, y también está sujeto a deducciones fiscales.

Apalancamiento negativo

A través del apalancamiento negativo, puedes aprovechar los beneficios fiscales si el costo de la inversión es mayor que los ingresos que estás recibiendo. En muchos países como Estados Unidos, Reino Unido, Australia y Canadá, puedes optar por deducir los costos del préstamo y del mantenimiento de una propiedad de tus ingresos totales.

Sin embargo, solo puedes aprovechar este beneficio fiscal si recibes otros ingresos imponibles.

Por lo tanto, incluso si tus ingresos por alquiler son negativos, el lado positivo de la situación es que gracias a ello puedes reducir la cantidad de impuestos de tus otros ingresos. Pero ten en cuenta que comprar una propiedad de bienes raíces solo para deducir impuestos es una muy mala estrategia.

Usa el patrimonio de tus otras propiedades

El patrimonio de tu casa o de tus otras propiedades puede ser una estrategia para comprar propiedades de inversión. Esta es una forma de apalancamiento, que ya hemos discutido en el capítulo anterior. Recuerda que este patrimonio o valor líquido es la cantidad de dinero real que tienes en tu propia casa. Puedes calcularlo con la diferencia entre el valor de tu propiedad y el de tu préstamo hipotecario.

Por ejemplo, si el valor actual de tu casa es de alrededor de 1.2 millones de dólares, y tienes un saldo restante de 200,000 dólares en tu hipoteca, entonces tienes un valor líquido o patrimonio de 1 millón de dólares. Además, el uso de esta cantidad te permitirá acceder a más financiamiento contra otras propiedades de inversión que también se sumarán a tus deducciones de impuestos.

Inspecciona la propiedad cuidadosamente

La necesidad de reemplazar las paredes o arreglar la plomería de una propiedad en los primeros meses puede marcar una diferencia considerable en tus ganancias y puede afectar tu flujo de efectivo. Para evitar estos gastos de mantenimiento, asegúrate de contratar los servicios de un inspector profesional de propiedades antes de hacer cualquier compra de bienes raíces.

Y posteriormente, realiza inspecciones anuales para buscar problemas que se puedan prevenir.

Aunque por lo general son más caros que los trabajadores comunes, debes confiar en el trabajo de los vendedores calificados y con licencia. Encuentra personas que tengan amplia experiencia en el trabajo que necesitas y que estén cubiertas por un seguro que te proteja contra un trabajo deficiente si fuera el caso.

Pero ten en cuenta que no siempre es una mala idea comprar una propiedad que no esté en perfectas condiciones, porque así tienes la oportunidad de aumentar su valor al remodelarla. Y esto te permitiría aumentar tus ingresos tanto por alquiler como por apreciación de capital. Esto es algo que no puedes hacer cuando inviertes en acciones o en bonos.

Gestiona los riesgos

Una vez más, la compra de bienes raíces es un tipo de inversión a largo plazo, y no debes depender del aumento en el precio de la propiedad.

Lo ideal es que puedas establecer tu patrimonio al comprometerte con una propiedad al largo plazo. Después de esto, puedes considerar comprar otra propiedad para invertir. Pero no te apresures en el proceso: es mejor buscar el equilibrio entre el bienestar financiero y la oportunidad de experimentar la vida. Recuerda que la compra de bienes raíces puede ayudarte a lograr la libertad de tiempo.

Ten también en cuenta que a diferencia de los fondos administrados o las acciones, no puedes vender tu propiedad de inversión tan fácilmente si te encuentras en apuros financieros.

Por lo tanto, debes tener cuidado y considerar que la escasez de propiedades en alquiler, así como los niveles de migración, son factores críticos que te ayudarán a hacer más rentable tu inversión en bienes raíces.

Mejora la estética y el gusto de la propiedad

Remodelar la propiedad para mejorar la estética y el gusto atraerá a inquilinos de alta calidad. Asegúrate de elegir tonos neutros y presta particular atención en las mejoras de los baños y cocina. Tu propiedad atraerá a inquilinos de alta calidad si tu espacio está bien presentado.

Otra estrategia que puedes utilizar es comprar una propiedad en la que te ves viviendo. Algunos inversores creen que esto podría significar un precio de compra más alto.

Pero también considera la diferencia entre tu propia casa y tu inversión inmobiliaria para evitar involucrarte demasiado. Nunca olvides que ese espacio es para tus ingresos por alquiler, y no tu casa privada.

Es importante que recuerdes que llegará el día en que tengas que vender la propiedad, y si el espacio es atractivo tanto para otros inversores en bienes raíces como para tus inquilinos, ampliarás tu mercado y por lo tanto el precio. Naturalmente, las personas estarán dispuestas a pagar un poco más si la propiedad está en buenas condiciones.

CONCLUSIÓN

Llegados a este punto, debes contar ya con una cantidad considerable de conocimiento que puedes usar para hacer de la inversión en bienes raíces una oportunidad viable.

En esta guía hemos explorado muy buenos temas relacionados con los bienes raíces. A continuación te presentamos algunos de los aspectos más destacados:

• Existen cuatro categorías de inversiones en bienes raíces que puedes comprar: deuda pública, deuda privada, capital público y capital privado. El tipo de inversión que elijas dependerá en gran medida del nivel de exposición que quieras para tu cartera de negocios.

- Puedes elegir invertir en propiedades que no generen ingresos, o en bienes raíces que produzcan ingresos.

- Una propiedad que puedes alquilar te generará ingresos, mientras que las propiedades que están vacías no te proporcionarán ninguno. Sin embargo, puedes obtener ingresos de capital en propiedades sin ingresos, tal como lo harías si invirtieras tu propia residencia.

- Las propiedades residenciales de unidades múltiples, las propiedades industriales, las propiedades de venta al por menor y las propiedades de oficina son las cuatro formas principales de propiedades inmobiliarias para inversiones.

- La inversión en bienes raíces puede comportarse como capital (porque se puede apreciar), pero también como un bono (porque te puede producir ingresos).

- Los bienes raíces son un activo tangible que requieren de una gestión continua.

Y en comparación con otras clases de activos, debes tener la habilidad de controlar el rendimiento de tu inversión.

● La cobertura de la inflación, la reducción de riesgos, la mejora de los ingresos y la diversificación son algunas de las ventajas de la compra de bienes raíces como parte de tu cartera de inversiones y negocios.

● Pero considera que los bienes raíces también tienen costos de transacción más altos, pueden ser difíciles de comprar, y difíciles de medir en cuanto a su rendimiento como activos.

● La compra de bienes raíces requiere de una exhaustiva investigación y de una diligencia debida por tu parte. Esto asegurará que obtengas lo que esperas después del trato.

● Conseguir la tasación a través de un tasador profesional es la mejor manera de calcular el valor de la propiedad.

¡Gracias y buena suerte!

CPSIA information can be obtained
at www.ICGtesting.com
Printed in the USA
FSHW021535031019
62661FS